Le monde merveilleux en photos

LES VÉHICULES D'URGENCE

Le monde merveilleux en photos

LES VÉHICULES D'URGENCE

Piccolia

Recherche photographique : Brandi Valenza

5, rue d'Alembert
91240 Saint-Michel-Sur-Orge
Dépôt légal : 3ème trimestre 2009
Loi n°49-956 du 16 juillet 1949 sur les publications
destinées à la jeunesse.
Imprimé à Singapour.

SHERIFF
COUNTY FIRE PATROL

Dès qu'il y a un accident ou un feu, nous faisons appel aux ambulanciers, aux pompiers et à la police pour secourir les hommes en danger.

Mais lorsqu'il y a une urgence à la montagne ou à la mer, au large des côtes, comment faisons-nous ? Nous avons recours à des véhicules d'urgence bien particuliers comme des hélicoptères, des traîneaux ou des bateaux rapides. Grâce à eux, les personnes peuvent être très rapidement sauvées.

Bien, maintenant… assieds-toi et mets ta ceinture : dans ce livre tu vas découvrir les différents véhicules d'urgence en action !

Dès qu'un feu se déclare quelque part, une alarme retentit dans la caserne. C'est le mot d'ordre pour que tous les pompiers se rejoignent près des camions. Chacun prend place dans un véhicule et met son casque. C'est parti pour la chasse aux flammes ! Dès leur sortie de la caserne, les conducteurs mettent les sirènes et les gyrophares en marche pour que les automobilistes ou piétons leur laissent la route dégagée.

SCANIA

Que ce soit les motos ou les voitures, les véhicules de police ont eux aussi des sirènes et des gyrophares.

POLICE
NYPD
COURTESY
PROFESSIONALISM
RESPECT

Pour toutes sortes d'interventions d'urgence (feux, accidents de la route, etc.), la police doit être sur les lieux pour sécuriser et constater la scène du sinistre. Pour se rendre sur place, elle utilise souvent les motos surtout dans les grandes villes ou sur les autoroutes car elles sont très rapides : elles peuvent se faufiler entre les voitures et servent même à poursuivre les chauffards !

We're There When You Need Us
AMBULANCE

Sur les véhicules, le mot « ambulance » est écrit à l'envers. Ainsi, les automobilistes peuvent le lire à l'endroit quand ils regardent dans leurs rétroviseurs !

En ville, il y a toujours des curieux qui regardent la scène d'un sinistre. Mais, les pompiers et les ambulanciers doivent travailler sans être dérangés, pour ne pas perdre de temps et sauver des vies. C'est pourquoi, les voitures de police forment un cordon de sécurité pour que les automobiles ne puissent plus passer et les policiers euxmêmes empêchent les piétons d'approcher !

FIRE DEPT.
PARAMEDIC

Les camions de pompiers et les ambulances arrivent sur les lieux avec leur équipement, qui est bien spécifique au type d'intervention à effectuer.

FIRE DEPT.

POLICE

Chaque secouriste a une tâche bien précise : sécuriser les lieux, aider les personnes blessées ou éteindre un feu.

Les pompiers et les officiers de police doivent travailler ensemble, et ce très rapidement et en toute sécurité. Quand on les voit agir, on ne peut que les admirer car ce sont des hommes qui gardent leur calme pour sauver des vies en dépit du danger.

POLICE
POLICE

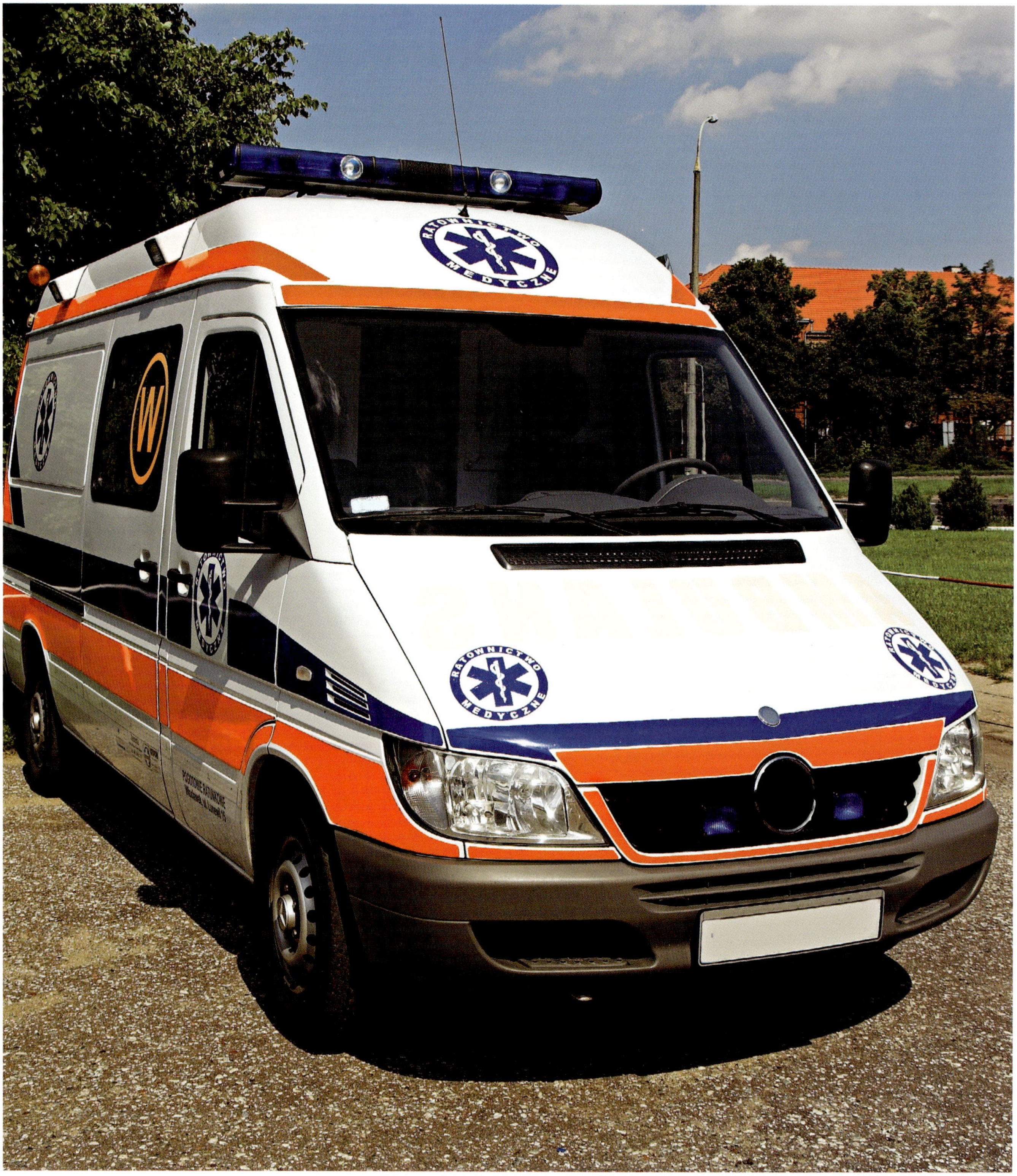

Dans une ambulance, se trouve un brancard où le blessé peut recevoir les premiers soins lors de son transport à l'hôpital.

CARABINIERI
CC 52
112
CARABINIERI

L'hélicoptère est un engin capable de voler très vite ou de faire du surplace dans les airs. On s'en sert pour surveiller les routes et détecter les débuts d'incendie dans les forêts.

Cet hélicoptère est équipé pour transporter un blessé et un secouriste qui lui donnera les premiers soins pendant le vol.

Ambulance
SES
AMB
Ambulance

Sur cet accident de la route, une ambulance est arrivée la première sur les lieux, pour porter secours aux blessés. Mais, si l'hôpital est très éloigné et si les accidentés ont besoin de soins urgents, on fait appel à un hélicoptère, capable de se déplacer beaucoup plus vite qu'une voiture !

AMBULANCE

Toutes sirènes hurlantes, les ambulances foncent sur les routes pour emmener les blessés à l'hôpital. Certaines ont un symbole bleu : « l'étoile de vie » !

Il ne faut jamais se garer devant une borne d'incendie car c'est elle qui fournit aux pompiers l'eau pour éteindre un feu !

Des cadrans permettent aux pompiers de contrôler la pression de l'eau. D'ailleurs, leur camion ressemble à une grande boite à outils !

Certains hélicoptères servent à secourir des blessés, d'autres à éteindre les incendies.

Dans les aéroports on trouve des véhicules appelés « crash tenders » dotés de lances d'où est projetée de l'eau voire de la mousse pour éteindre les incendies d'avion.

Que se passe-t-il quand un feu se déclare sur une embarcation au large des côtes ? Des bateaux spéciaux dotés de pompes projettent de l'eau pour éteindre l'incendie !

FIRE RESCUE

SURF RESCUE

Il existe d'autres secouristes des mers : depuis la plage, ils scrutent l'eau pour s'assurer que personne ne se noie ! Si c'est le cas, ils ont des bateaux…

… ou des scooters des mers pour intervenir immédiatement. C'est ainsi qu'ils sauvent de nombreuses vies !

LIFEGUARD

POLICE

Les garde-côtes patrouillent en mer pour venir au secours des personnes en danger mais aussi pour surveiller les eaux territoriales.

RNLI

Ce bateau est léger, rapide et solide et il peut supporter de grosses vagues sans chavirer. De l'embarcation, les navigants sont constamment en relation radio avec les personnes sur le continent et celles à sauver au large !

L'hélicoptère est aussi un transport très pratique pour secourir les gens car, il peut se rendre…

… là où aucun véhicule ne peut accéder, comme ces falaises. À droite, le secouriste vient chercher la personne en danger, hélitreuillée avec une civière.

Les hélicoptères sont capables de se poser sur la neige. On fait appel à eux lorsqu'il n'y a aucune route pour secourir les blessés !

En montagne, des motos de neige, des traîneaux et des quads peuvent également venir en aide aux personnes en danger.

Cet hélicoptère transporte un blessé grave. Grâce aux moyens de communication actuels, le secouriste à bord appelle l'hôpital le plus proche pour informer le personnel hospitalier de l'état de santé de l'accidenté. Le médecin voire le chirurgien sont ainsi prêt à intervenir tout de suite !

University Health Care
AirMed

Moto de police

Elle est pratique car elle peut se faufiler dans le trafic dense des villes. On l'utilise dans de nombreuses interventions : elle escorte d'autres véhicules d'urgence sur les scènes d'accident ou des voitures d'hommes d'État !

Voiture de police

Certaines voitures dites banalisées n'ont aucune distinction, ce qui permet aux policiers d'être discrets pour interpeler les criminels. Mais ici, on voit bien qu'il s'agit d'une voiture de police grâce à son gyrophare et à sa plaque d'immatriculation !

Hélicoptère de police

Il permet de repérer les accidents et les chauffards sur les routes. Les personnes à bord communiquent par radio avec les services d'urgence et la police à terre.

Ambulance

Certaines transportent à l'hôpital des malades qui ne peuvent pas se déplacer. Mais d'autres sont équipées pour les premiers soins lors de graves accidents !

Camion de pompiers

Il est muni de tuyaux dont l'embout s'appelle une lance. Les pompiers les raccordent aux bornes d'incendie sur les trottoirs. Ce véhicule transporte aussi une grande échelle, des pinces-monseigneur, des leviers et des cordes ignifugées.

Crash tender

Ce véhicule est un camion spécifiquement conçu pour les accidents sur les aéroports. Certains contiennent de la mousse et de l'eau à haute pression qui, aspergées sur un avion en feu, arrivent à l'éteindre.

Bateau de secours

Il est spécifiquement conçu pour éteindre les incendies en pleine mer. Il projette de l'eau pour éteindre le feu sur les embarcations et transporte des pompiers, des policiers et des médecins.

Hélicoptère bombardier d'eau

L'hélicoptère est équipé de réservoirs d'eau qu'il largue sur un incendie de forêt, en attendant que les pompiers arrivent sur place… car la route n'est pas toujours très accessible !

Hélicoptère d'urgence

Les secouristes se servent de cet hélicoptère pour aider les personnes en danger au large des côtes… quand les bateaux ne peuvent pas y accéder assez vite !

Bateau de secours

Les policiers s'en servent pour patrouiller les mers afin de s'assurer qu'il n'y a aucun bateau en infraction ou de personne en danger.

Scooter des mers

Également appelé jet-ski, cet engin se déplace très rapidement sur l'eau. On l'utilise non seulement pour sauver les personnes en mer mais aussi dans les fleuves ou les lacs.

Moto de neige

Avec ses skis sur l'avant pour se diriger et ses chenilles sur l'arrière, ce véhicule peut se déplacer sur la neige mais aussi sur la glace glissante !

REMERCIEMENTS :

Pour l'élaboration de cet ouvrage, nous tenions à remercier Ellen Dupont, Cynthia O'Brien, Leah Germann, et Hannah Bowen.

CRÉDITS PHOTOGRAPHIQUES :

Légende :
t : haut ; b : bas ; DT : Dreamstime ;
iSP : iStockhoto ; SST : Shutterstock.

2 SST; 5 SST; 6 SST; 9 SST; 10t,b SST; 11 SST; 12 SST; 14 SST; 15t,b SST; 17 SST; 18t iSP, b SST; 19 SST; 20 iSP; 21t,b SST; 23 SST; 24 SST; 25 SST; 26 SST; 27 SST; 28 SST; 29t,b SST; 30 SST; 32 SST; 33t,b SST; 34t,b SST; 35 SST; 36 SST; 37t,b SST; 38t iSP, b SST; 39 iSP; 40 SST; 41t iSP, b SST; 42t,b SST; 43 iSP; 44 SST; 45t,b SST; 46t,b SST; 47 SST; 48 SST; 49t,b SST; 50 SST; 52 SST; 53t SST, b iSP; 54t iSP, b SST; 55 SST; 56 iSP; 57 SST; 58 SST; 59t iSP, b SST; 61 SST; 64 SST.